CONGRÈS SCIENTIFIQUE D'ANVERS
EN 1871

RAPPORT

A L'ACADÉMIE NATIONALE

AGRICOLE, MANUFACTURIÈRE ET COMMERCIALE

PAR

FLEURY-FLOBERT

ARCHITECTE-VÉRIFICATEUR-EXPERT
Décoré de plusieurs Ordres
Membre honoraire et Lauréat de plusieurs Sociétés savantes
Secrétaire général de la Société nationale
d'encouragement des Travailleurs industriels,
etc., etc.

PARIS
CHEZ L'AUTEUR
23, RUE DE LA CHAUSSÉE-D'ANTIN, 23
—
1872

CONGRÈS SCIENTIFIQUE D'ANVERS

EN 1871

RAPPORT

A L'ACADÉMIE NATIONALE

AGRICOLE, MANUFACTURIÈRE ET COMMERCIALE

PAR

FLEURY-FLOBERT

ARCHITECTE-VÉRIFICATEUR-EXPERT

Décoré de plusieurs Ordres
Membre honoraire et Lauréat de plusieurs Sociétés savantes
Secrétaire général de la Société nationale
d'encouragement des Travailleurs industriels,
etc., etc.

PARIS

CHEZ L'AUTEUR

23, RUE DE LA CHAUSSÉE-D'ANTIN

1872

CONGRÈS SCIENTIFIQUE D'ANVERS

RAPPORT

Paris, le 25 septembre 1871.

I.

Messieurs,

Un grand nombre de savants, venant de tous les points du monde, se sont réunis, du 13 au 22 août dernier, à Anvers, patrie des illustres Gérard Mercator et Abraham Ortélius, à l'effet d'ouvrir la première session d'un Congrès des sciences géographiques, cosmographiques et commerciales.

Le 13 août, les membres du Congrès ont été reçus à l'Hôtel de ville par M. le sénateur J. Van den Bergh-Elsen, assisté de toutes les autorités communales de la ville d'Anvers, qui, suivant les usages du pays, offrirent le vin d'honneur aux célèbres voyageurs accourus de tous les points du monde pour honorer la Belgique de leurs pacifiques et savantes discussions [1].

M. l'échevin Van der Bergh-Elsen, remplissant les fonctions de bourgmestre, a porté le toast d'honneur par le discours suivant :

MESSIEURS,

« Au nom de la Ville d'Anvers, je vous souhaite la bienvenue.

« Je suis heureux de vous recevoir dans cette antique métropole du commerce qui, de tout temps, a si largement favorisé le progrès des arts et des sciences et qui se glorifie de compter le grand géographe Ortelius au nombre de ses plus illustres enfants.

« Vous tous, Messieurs, champions éclairés de la science, venus de toutes les parties du monde, vous vous êtes assemblés ici pour rendre hommage, autant à l'impérissable mémoire de cet Anversois célèbre, qu'à celle de son glorieux compatriote et émule, Gérard Mercator, et pour continuer le grand œuvre

1. Dejà 420 ans auparavant (en 1451) les magistrats de la vieille cité Hanséatique, offraient le vin d'honneur aux négociants français.

auquel ils ont consacré leur existence. Désormais ces sciences, qui ont pour objet, non-seulement d'étudier la Terre, mais de scruter les mystères de l'Univers entier, renaîtront à une vie nouvelle, car, jusqu'à ce jour, il ne s'est jamais réuni tant de courageux efforts, tant de puissance intellectuelle pour réveiller les sciences géo-cosmographiques de leur léthargie séculaire; jusqu'à ce jour, pour en provoquer et en assurer le progrès, il ne s'est jamais tenu un Congrès composé de savants, accourus dans ce but de tous les points du globe.

« Et ce premier Congrès international, convoqué à des fins si nobles, nous sommes heureux de le constater, sera tenu à Anvers, la vieille cité flamande qui a vu naître Ortelius.

MESSIEURS,

« Au nom du progrès intellectuel, au nom de la postérité appelée à recueillir les fruits de vos travaux, je vous sais, à vous tous qui représentez ici les nations, ma satisfaction la plus vive de ce que, en si grand nombre, vous avez daigné répondre à l'appel qui vous a été fait. Pour moi, le succès de la tâche que vous allez entreprendre ne saurait être douteux. J'y associe mes vœux les plus chers, et, plein de sympathie pour le noble but qui vous rassemble, je bois à votre bonheur, à la prospérité des peuples dont vous êtes les représentants et à l'issue heureuse du Congrès de Géographie.

M. d'Avezac, membre de l'Institut de France répondit :

MESSIEURS,

« Je ne puis remercier assez la ville d'Anvers, au nom de ses hôtes français, de l'accueil gracieux qu'Elle leur fait.

« C'était une idée féconde que celle d'un Congrès où les Géographes de tous les pays réuniraient leurs forces pour travailler de concert au progrès des sciences géographiques. La Ville d'Anvers a pris, pour la réaliser, une noble initiative; et son appel a été entendu surtout en France, où il a rencontré les sympathies des hommes d'étude, et, peut-être suis-je autorisé à le dire aussi, celles du Gouvernement. Nous venons de France, plus nombreux que de partout ailleurs, nous associer à l'œuvre commune que vous inaugurez, et qui ne saurait demeurer stérile. Prenant une plus large part du bienveillant accueil dont la ville d'Anvers salue ses hôtes étrangers, nous lui devons un plus large tribut de remercîments, et je suis heureux de les lui exprimer avec un plus chaleureux empressement au milieu de ce concours de représentants de tous les pays. Que ce *vin d'honneur* (apporté lui-même d'Espagne ou de Madère) qui nous est si courtoisement présenté en signe de notre bienvenue, soit aussi, en retour, le signe de notre gratitude et de nos sympathies pour le gracieux accueil et l'hospitalière cordialité que les magistrats d'Anvers nous témoignent au nom de leur cité.

« A la courtoise hospitalité de la Ville d'Anvers ! »

Les applaudissements de toute la salle couvrirent ces dernières paroles, les verres furent fraternellement choqués, et tous ces savants, dont la plupart ne se connaissaient que de nom, se serrèrent cordialement les mains.

Il y eut un véritable moment d'émotion, et plusieurs discours furent prononcés pour remercier la Belgique d'avoir provoqué une si agréable rencontre.

C'était fête en ville, toutes les maisons

étaient pavoisées, et l'oriflamme des grands jours flottait au-dessus de la cathédrale, en l'honneur de ces assises de la paix.

II.

Le 14 août, nous nous rendîmes au Congrès, pour lequel l'Académie avait prêté ses vastes salles.

Une Exposition de géographie et de cosmographie mettait à la disposition des savants une des plus intéressantes collections qu'il ait été, jusqu'à présent, possible de rassembler. Cette collection avait une véritable importance historique, car les plus anciens et les plus rares documents appartenant à des particuliers y figuraient.

Les conditions du programme avaient donné, aux éditions nouvelles, une impulsion remarquable au profit de l'instruction élémentaire, ainsi qu'une tendance très-appréciable vers le bon marché qui seul permet la vulgarisation des sciences. Ce problème est des plus difficile à résoudre, puisque les nombreux auteurs et éditeurs qui ont pris part à ce concours n'ont pu obtenir tous les prix accordés.

Le président du jury était M. Delgeur, docteur ès lettres, Belge, et le rapporteur était M. Maunoir, secrétaire général de la Société de géographie de Paris.

Le Congrès a été honoré de la visite de S. M. l'Empereur du Brésil qui a siégé quelques instants au bureau, et qui a manifesté à tous ses membres l'importance qu'il attachait à leurs intéressants travaux.

Par contre, les sommités belges qui avaient été placées, à titre honorifique, à la tête du Congrès ont presque toutes fait défaut, notamment le président du Comité d'organisation, bourgmestre de la ville et tous les présidents d'honneur, excepté toutefois M. le baron Kervyn de Lettenhove, ministre de l'Intérieur et de l'Instruction publique en Belgique.

Séance du 14 aout. — Cette séance a été celle d'ouverture des travaux du Congrès.

Le Comité belge, présidé par M. d'Hane-Steennuyse, vice-président, siége au bureau. — Les secrétaires généraux, MM. P. Génard, Ruelens, Casterman, Grandgaignage et Stessels sont à un bureau spécial.

Deux sténographes sont attachés au Congrès.

Après les discours d'ouverture et l'installation du bureau, pour la constitution duquel les savants présents ont été invités à nommer des délégués spéciaux pour chaque nationalité [1], le Congrès a commencé ses travaux.

M. Gochet s'est d'abord occupé des moyens d'arriver à un bon enseignement de la géographie; sa théorie un peu diffuse, au début, a pris une forme plus accentuée et plus méthodique, lorsqu'il s'est renfermé dans la 2e et la 3e question du programme. Il a

1. Ont été nommés : pour la France, M. de Quatrefages. (M. d'Avezac représentait officiellement le gouvernement, MM. E. Levasseur et Silberman représentaient le ministère de l'instruction publique.) Pour l'Angleterre, M. l'amiral Omanney; pour l'Autriche M. le baron de Czoërnig; pour la Hongrie, M. Hunfalvi; pour l'Allemagne, M. Delitsch: pour les Pays-Bas, MM. Versteeg et Pollen; pour l'Italie, M. le commandeur Négri; pour les États-Unis d'Amérique, M. le géral Heine; pour la Colombie, M. Uricochéa; pour la Russie, M. de Khanikoff; pour la Suisse, MM. Tschander et A. Lombard; pour la Belgique, MM. d'Hane-Steenhuyse, Cogels-Cssy, général O. Leclerq. major Cocheteux, Langlois, Metdepenninger et Le Grand; M. le sénateur belge Omalius d'Halloy a été nommé membre d'honneur.

émis le vœu que la section de géographie soit divisée de manière, à ce que son ensemble puisse constituer tout à la fois l'enseignement primaire, secondaire et supérieur.

M. R. Cortambert tout en approuvant le programme de M. Gochet, a été d'avis, que pour obvier aux défectuosités de l'enseignement actuel, il était, d'abord, nécessaire de posséder de bons professeurs de géographie, formés à cet effet dans les écoles normales, car actuellement, ces professeurs enseignent tout à la fois la géographie et l'histoire, et sacrifient à cette dernière science la première qui leur paraît d'une importance moins considérable. M. Cortambert désirerait également la fondation de chaires spéciales de géographie dans toutes les universités.

M. Delgeur fait remarquer, à ce propos, qu'en Belgique, on passe des examens sur toutes les sciences pour obtenir des grades académiques, sauf cependant sur la géographie. Si bien que tel professeur désigné pour enseigner cette science, n'en possède même pas les éléments.

M. Dognée, répondant à M. Delgeur, fait observer que, sous l'empire de la loi de 1850, on examinait les élèves sur la géographie et qu'aujourd'hui il doit en être de même.

III.

Séance du 15 aout. — M. de Quatrefages, Président. — MM. le baron Von Czoërnig et l'amiral Ommaney, vice-Présidents.

La première question à l'ordre du jour intéresse essentiellement la Cosmographie ; elle est ainsi conçue : « Ne pourrait-on pas s'entendre pour adopter un même premier méridien. »

M. d'Avezac est d'avis que tous les méridiens déterminés par des observations absolues, doivent être à tour de rôle le premier méridien. Il ne croit pas qu'on puisse considérer comme un type exact une représentation rapportée à un seul méridien.

M. de Khanikoff propose particulièrement l'adoption du méridien de Greenwich, si l'on veut un seul méridien commun; mais il reconnaît cependant, que là encore subsiste une question de nationalité, le moyen de l'éluder, consisterait à mettre en rapport avec le mé-

ridien de Greenwich un méridien quelconque.
M. Stroir pense qu'on pourrait, comme méridien officiel, prendre celui qui passe par le détroit de Behring, en retranchant ou ajoutant 2 ou 12 heures.

M. Négri propose l'adoption d'un seul méridien passant par le détroit de Behring.

L'assemblée décide que, quant à présent, il est nécessaire de réserver la question.

M. le général Heine prend ensuite la parole au sujet du percement de l'isthme de Panama (isthme de Darien), il détermine devant le Congrès le point mathématique où, suivant lui, le percement doit avoir lieu.

Voici l'énoncé de la question qui vient ensuite : « De quelle manière faut-il continuer les recherches sur la profondeur des mers, les différentes températures de l'eau selon les niveaux et les différentes conditions de la vie animale suivant les profondeurs? »

M. Jacobs Beeckmans voudrait, à ce sujet, voir reproduire sur des sphères l'écorce réelle du globe. Il pense que la différence de température dans les eaux de la mer, « résulte du contact avec les parties les moins refroidies de la croûte terrestre. »

M. Jules Garnier ne connaît pas d'instruments assez perfectionnés pour arriver à la solution de la question. Néanmoins, il rappelle les travaux de Sas; M. Pallien rappelle également ceux de l'Écossais Mitchell et ses expériences personnelles; M. Silbermann ceux de Georges Aimé, professeur à Alger, qui a déterminé la température d'un grand nombre de points sous-marins, et qui a trouvé que la chaleur moyenne de la Méditerranée était de 13 degrés; qui, de plus, a découvert des animaux vivant à 3,000 mètres de profondeur, et qui a enfin déterminé d'une manière précise que l'agitation des vagues ne se faisait plus sentir à la profondeur de quarante mètres.

M. l'amiral Omanney pose ensuite au Congrès la cinquième question du programme ainsi conçue : « Rechercher la meilleure manière de déterminer les courants sous-marins. »

M. le chevalier Négri fait observer à ce sujet que les anomalies des marées existent dans toutes les mers, et que, malheureusement, la théorie sur laquelle repose cette intéressante question pèche par sa base. Cependant, il ne doute pas qu'à l'aide des connaissances acquises sur la profondeur et la direction des courants sous-marins, la théorie des marées ne devienne plus claire et que l'on ne parvienne à expliquer enfin pourquoi l'influence lunaire et même solaire qui agit sur les eaux, n'a aucune influence sur la masse du fluide atmosphérique.

Le Congrès passe ensuite à la question 15 ; à savoir : « Rechercher les causes qui ont soulevé les steppes de l'Aral et du Balkan à une hauteur considérable au-dessus du niveau de la mer. Savoir s'il serait vrai, comme l'affirment les géologues et zoologistes, que ces espaces aient jadis été recouverts par les eaux de la mer Caspienne unies à celles du golfe d'Obi. »

M. de Khanikoff est d'avis qu'il faudrait plutôt rechercher les causes d'abaissement de ces steppes. A cette occasion, il trace le tableau géographique du continent asiatique dont il est ici question. Toute la côte ouest, dit-il, présente un enfoncement considérable : la mer Caspienne est à 82 pieds anglais (25 mètres) au-dessous du niveau de la mer, et la mer d'Aral à 116 pieds ($35^{m}34$) au-dessous de la mer Caspienne, et dans cette dernière il y a de grandes irrégularités de niveau. Suivant M. de Khanikoff, il n'y a pas là un phénomène météorologique; il n'y a pas de soulèvement dans les steppes de l'Aral, mais bien une dépression.

M. Frederichsen présente ensuite quelques considérations sur la seizième question, ayant rapport aux explorations du pôle nord.

Les régions inexplorées du pôle austral, dit-il, ont plus de huit millions de milles carrés de surface. La distance qui les sépare des côtes florissantes de la Tasmanie est la même que celle que les vapeurs franchissent en huit jours dans l'Atlantique. N'est-il pas étrange que l'on n'ait pas cherché à pénétrer dans ces régions inconnues, maintenant surtout que les progrès de la navigation rendent cette exploration moins difficile, et le Congrès ne pourrait-il pas aider à provoquer un voyage de découverte?

M. Frederichsen joint aux considérations qui précèdent un plan de voyage vers ces régions inconnues, notamment sur les expéditions projetées par le docteur Neumeyer.

Plusieurs membres du Congrès appuient la proposition de M. Frederichsen, et il est décidé que dans chaque section on formulera des conclusions qui seront ensuite discutées en assemblée générale.

L'assemblée passe ensuite à la dix-huitième question du programme ainsi conçue : « Afin de constater dans l'avenir les affaissements et les soulèvements de la surface du globe, il serait fort utile de déterminer par un nivellement géométrique, la cote au-dessus de la surface moyenne de la mer la plus voisine de plusieurs points remarquables et faciles à retrouver. La surface moyenne de la mer servant de point de comparaison, devrait, dans ce cas, être déterminée avec le plus grand soin. »

M. Malher Bey fait observer qu'on n'a pas encore de données assez certaines sur les causes des abaissements et des soulèvements du globe; en conséquence, il demande au Congrès d'exprimer le vœu que des nivellements périodiques aient lieu et que ce vœu soit transmis à la section de cosmographie qui rechercherait les moyens les plus pratiques de le réaliser.

M. de Quatrefages présente diverses considérations à l'appui des faits énoncés, et cite notamment les phénomènes dont il a été témoin sur les côtes de Bretagne.

Il rappelle qu'à la suite des entretiens qu'il avait eus à ce sujet avec M. le marquis de Chasseloup-Laubat, alors ministre de la marine et président de la Société de géographie de Paris, des ordres avaient été donnés pour l'installation de points de repère sur les côtes de France. Mais il est probable que ces ordres n'auront pas été exécutés.

C'est à cette séance que l'Empereur du Brésil a bien voulu assister.

Sa Majesté après avoir signé sur le registre de présence, a bien voulu accepter, de nos mains, la médaille commémorative du Congrès.

M. Émile Pécher, consul général du Brésil à Anvers, a présenté à Sa Majesté les sommités de tous les pays, qui assistaient à cette séance.

IV.

Séance du 16 aout. — M. Kiepert, Président. — MM. Fay et Fr. Garnier, vice-Présidents.

M. l'amiral Omanney, rapporteur de la section de navigation, dit que la nouvelle voie du canal de Suez est appelée à opérer une révolution complète dans les relations de l'Europe avec l'extrême Orient, et que la section, dans l'intérêt du commerce en général, réclame la neutralité absolue du canal.

Sur la troisième question : « Quels avantages la colonisation de la Nouvelle-Guinée présenterait-elle au commerce de l'Europe? » La section est d'avis que l'importance en est très-grande et espère qu'on continuera les travaux qui y sont relatifs. Elle demande aussi que le Congrès exprime le vœu que le gouvernement hollandais persévère dans les essais d'amélioration de la colonie de Java.

Sur la question 14 : « Comment pourrait-on arriver à une législation commerciale et maritime uniforme? » La section est d'avis qu'il est impossible de réaliser ce vœu immédiatement et espère que les gouvernements établiront des commissions spéciales pour régler ce point important.

M. le général Heine développe ensuite ses idées au sujet du percement de l'isthme de Darien. Suivant lui, grâce aux travaux de M. de Gorgoza, il n'y a plus d'hésitations possibles sur la réussite du projet. Aussi met-il l'œuvre de cet explorateur sous le patronage du Congrès.

M. Cousin énonce la treizième question du programme de cosmographie ainsi conçue :

« Quelles sont les données de la science sur la couche de tourbe que l'on rencontre sous le littoral de la Belgique et de la Hollande, et que savons-nous de l'affaissement du sol le long de la mer du Nord? » M. Cousin dit à ce sujet qu'il a fait des fouilles dans l'arrondissement de Boulogne. A l'entrée du Pas-de-Calais, il a découvert un endroit couvert d'eau à la marée, renfermant encore des restes de maisons dans lesquelles il a été trouvé des médailles romaines et gauloises. Il a exhumé des forêts entières recouvertes par les sables, et il conclut de tous ces faits qu'il y a eu affaissement du sol.

Enfin le révérend père Carbonnelle présente au Congrès un rapport de la section de cosmographie, et cite en même temps quelques passages d'un mémoire du commodore Maury, proposant l'extension aux continents et aux îles du système d'observation adopté à la conférence de Bruxelles de 1859. Le commodore désire que le Congrès obtienne des gouvernements la réunion d'une nouvelle conférence à cet effet.

Le Congrès, adoptant ces conclusions, vote l'impression du travail de M. Maury.

V.

Séance du 17 aout. — M. de Khanikoff, Président; MM. Hunfalvy et Versteeg, vice-Présidents.

M. le Président donne la parole à M. de Quatrefages. Il s'agit, en effet, de la première question d'ethnographie, à savoir : « Quels sont les résultats scientifiques relatifs à l'origine de l'homme. »

M. de Quatrefages démontre d'abord les rapports nombreux et étroits qui relient les populations de l'époque actuelle aux races qui habitaient la terre lors de la période quaternaire. A leur arrivée sur les bords de la Loire et de la Garonne, les Gaulois venus d'outre-Rhin trouvèrent dans ces contrées des indigènes de petite taille, à cheveux noirs, dont la complexion différait singulièrement avec les cheveux blonds et la haute taille des envahisseurs. Ces indigènes, premiers occupants du sol gaulois, sont encore aujourd'hui représentés en France et en Europe.

D'après M. de Quatrefages, qui insiste ici sur les travaux de M. Pruner Bey, les populations basques, silures et esthoniennes sont les descendants des hommes de la période quaternaire. La comparaison des crânes fossiles de Dinant avec les crânes esthoniens conservés à Saint-Pétersbourg ne laisse, paraît-il, aucun doute à cet égard.

M. de Quatrefages pense que l'on peut reconnaître dans les populations de l'époque quaternaire au moins deux races bien distinctes, présentant elles-mêmes des sous-races très-accusées : l'une, petite et brachycéphale, caractérisée par les crânes de Dinant; l'autre, grande et dolichocéphale, caractérisée par les restes fossiles trouvés à Cromagnon. On rencontre encore en France et en Belgique, surtout parmi les femmes, des individus se rattachant incontestablement à la première. M. de Quatrefages assure avoir rencontré des femmes du type de Cromagnon. Et les femmes naines de la race esthonienne ont de nombreux parents en Bretagne, notamment à Pont-l'Abbé. Il y a, du reste, une analogie étroite entre plusieurs traits du bas Breton et ceux des riverains de la Baltique. Ces analogies ont été signalées par les Polonais eux-mêmes.

La forme de la tête, la couleur rouge ou blonde des cheveux, que l'on rencontre au milieu des races à cheveux uniformément noirs, sont autant de caractères qui accusent bien probablement l'influence des populations quaternaires sur l'homme moderne. Ceux d'entre nous, dit-il en terminant, qui ont dans les veines quelques gouttes du sang de ces races disparues n'ont pas à rougir de leurs aïeux. Leur courage nous est attesté par ces haches de pierre, à l'aide desquelles ils combattaient les éléphants et les rhinocéros qui leur disputaient le sol de l'Europe, leur industrie par l'habileté avec laquelle ils arrivaient à façonner les matériaux les plus durs, leurs instincts artistiques par les sculptures et les objets d'ornement que nous retrouvons encore aujourd'hui dans les grottes du Périgord.

M. Jacobs Beechmans ne croit pas à l'unité des races; suivant lui, la naissance d'un homme révélée par l'histoire israélite serait un fait isolé qui a dû se reproduire sur d'autres points de l'univers en même temps.

M. de Quatrefages ne voit dans les différences que présentent les nombreuses variétés humaines que des faits de métissage, et non des preuves de théorie polygéniste. La race blanche ou caucasique n'est pas, certainement, celle qui s'est montrée d'abord sur le globe, et la Mésopotamie n'est pas le lieu où l'homme avait fait sa première apparition. Tout ce que nous savons proteste contre ces assertions. C'est au nord, sur le plateau central de l'Asie, en Sibérie peut-être, et c'est peut-être même plus près du pôle qu'il faudrait chercher le berceau des races de la période actuelle, et parmi ces races c'est la jaune à laquelle le plus grand nombre de probabilités semblent attribuer la priorité d'existence.

M. le baron Czoërnig dépose sur le bureau la carte ethnographique de la monarchie autrichienne, dont il est l'auteur, indiquant les différentes nationalités qui la composent.

VI.

Séance du 18 aout. — M. d'Avezac, Président. — MM. Vincochen et Becker, vice-Présidents.

L'enseignement de la géographie a rempli la première partie de cette séance.

M. Levasseur, procédant de la cause à l'effet, place en tête de son programme les notions de climatologie générale; à l'aide de quelques données empruntées à la géologie, l'élève se rend compte ensuite des reliefs du sol et de la distribution des eaux. Ce premier examen le prépare à aborder la distribution des races sur le globe. Des notions sur l'agriculture, l'industrie et le commerce s'ensuivent naturellement et complétent cette étude, qui peut être plus ou moins étendue suivant l'âge de l'élève.

M. Silbermann aborde les questions 5 et 8 sur les prosections. Il fait ressortir les inconvénients que présente le système de prosecture actuelle pour la géographie d'ensemble. Il est presque impossible, dit-il, d'avoir un globe parfaitement exact et sur lequel on puisse appliquer le compas. Il développe un procédé dont il est l'inventeur, à l'effet de dessiner exactement les méridiens, latitudes et longitudes. Au moyen de son instrument, qui consiste en deux hémisphères concaves, on peut fabriquer des globes d'une exactitude géographique rigoureuse, soit par le moulage, soit par la galvanoplastie.

Pour les atlas, on peut, en se servant de la prosecture de Lahire, obtenue par la photographie, prendre l'image de la sphère concave, et l'on a alors le minimum de représentation et le maximum de la partie terrestre représentée.

MM. Levasseur et Francis Garnier donnent des explications sur le procédé Erhard, qui consiste dans la reproduction sur cuivre du travail fait sur pierre. Ils insistent sur les avantages de ce procédé, qui permet de transporter facilement tout ce qui sert à l'impression des cartes.

M. le Président donne lecture de la 10e question, ainsi conçue : « Quels sont les exemplaires qui existent encore aujourd'hui des cartes originales de Mercator? »

M. Ruelens rappelle que de la grande mappemonde de Mercator, il n'existe plus qu'un seul exemplaire qui se trouve à la bibliothèque Richelieu, à Paris. Une autre grande carte, du même auteur, n'est connue que par des citations; une troisième a été retrouvée dans une vente par l'orateur lui-même : ce sont les fuseaux des deux globes que Mercator avait faits pour le cardinal de Granvelle. Le manuscrit explicatif de cette sphère se trouve à Milan.

M. Delgeur prend la parole sur la 14e question, dont voici la rédaction :

« Les géographes du XVIIIe siècle ont effacé sur la carte d'Afrique bien des noms que les découvertes récentes y ont fait rétablir. L'étude attentive des auteurs arabes du moyen âge et des voyageurs portugais du XVIe siècle ne serait-elle pas des plus avantageuses pour faire connaître cette partie du monde et pour guider les voyageurs dans les découvertes à faire ou à renouveler? »

M. Delgeur a fait introduire cette question dans le programme, parce qu'il se souvient qu'étant enfant, il a lu une description du Congo, par Lopez, où se trouvaient indiquées les sources du Nil, à peu près comme les a décrites de nos jours le docteur Livingstone. Dans les anciennes cartes d'Afrique on trouve une foule de noms que Danville a le premier effacés de son atlas; il serait donc intéressant et utile de faire à ce sujet certaines comparaisons entre les cartes anciennes et modernes.

M. Cortambert appuie la proposition et indique dans les cinq parties du monde les régions encore inconnues ou imparfaitement décrites, ce sont : en Asie, le Thibet, le nord et le sud de l'Asie, l'empire chinois. En Afrique, tout le centre de cette contrée. En Amérique, dans le sud, la Patagonie, une partie du Brésil et les terres australes.

Le Congrès passe ensuite à l'étude de la 11e question, savoir : « Si le peu de goût de certains peuples pour les entreprises commerciales et lointaines provient seulement du manque de connaissances géographiques? et s'il n'y a pas d'autres causes qui les rendent indifférents à ces entreprises? »

M. Stessels ne voit dans cette indifférence qu'une insuffisance des études géographiques.

M. Silbermann pense que cette question est purement ethnographique et dépend des aptitudes de certaines populations. M. Levasseur, sans nier l'influence des aptitudes, signale plus particulièrement les situations géographiques qui doivent influer nécessairement sur les idées dominantes de certains peuples.

M. le Président donne ensuite la parole à M. Génard au sujet de la biographie d'Ortelius, le Ptolémée du XVIe siècle.

La famille d'Ortelius était d'Augsbourg, dit M. Génard; quant à Abraham Ortelius, il est né à Anvers et il était si bien Anversois que, lorsqu'il voulut aller à Cologne et à Francfort, il dut, conformément aux édits de Philippe II, prêter serment de revenir. M. Génard s'occupe du reste de rédiger une biographie complète du célèbre géographe, qu'il se propose de publier sous peu.

VII.

Séance du 19 aout. — M. Négri, Président. —MM. Visschers et Pollen, vice-Présidents.

M. Stessels, au nom des sections de navigation et de géographie formule la proposition suivante :

« Le Congrès exprime le vœu que l'on adopte pour les cartes routières marines le méridien de Greenwich, comme premier méridien. » Ce vœu après une nouvelle discussion où M. Kiepert a tenu à constater les titres scientifiques du méridien de Paris a été voté à la presque unanimité du Congrès.

L'assemblée s'est ensuite occupée de la généralisation du système métrique et de son emploi obligatoire dans tous les pays. Cette motion a été également adoptée à l'unanimité. A cette occasion M. Visschers a fait l'historique des efforts déjà tentés pour arriver à cette unification si désirable des poids et mesures de tous les pays, et il espère que le vœu du premier Congrès géographique hâtera peut-être la solution définitive de cette importante question.

Sur la 22e question M. Fleury-Flobert dépose un ordre du jour motivé, dans lequel il y recommande la fondation de Sociétés de géographie dans tous les pays du monde, l'échange des travaux et des communications, la popularisation de la science et la constitution de congrès périodiques centralisant les études, pour les faire connaître dans des publications internationales.

Cet ordre du jour est voté par le Congrès à l'unanimité.

La question 11e de cosmographie revient ensuite à l'étude; on se rappelle qu'elle a pour objet la découverte d'une mer libre de glaces, au pôle Nord ; à cette occasion M. Cortambert s'exprime ainsi qu'il suit : Depuis trente ans le pôle Nord est le point de mire d'un grand nombre de voyageurs. Trois routes y conduisent : l'une à l'ouest du Groenland, c'est celle des Américains : la deuxième à l'est entre le Spitzberg et la nouvelle Zemble, c'est celle des Allemands et des Scandinaves ; la troisième est celle que devait suivre Gustave Lambert, par le détroit de Behring. Suivant M. Cortambert la meilleure est celle des Américains. Quant à la mer libre il est probable qu'elle existe : Hayes, voyageur américain, l'apercut dans les parages du 82e degré ; Parry, en 1827, alla au 82e degré 45 sans la voir, c'est le point le plus avancé que les voyageurs aient atteint. D'autres explorateurs l'affirment ou la nient successivement. Sur certaines mappemondes anciennes, celle de Martin Behains, entre autres, on trouve la mer libre. Il est probable, ajoute M. Cortambert, que les courants du Gulfstream passent sous les banquises et rendent la mer moins rigoureuse. Les résultats scientifiques de la découverte de la mer libre seraient immenses, mais n'auraient aucun intérêt commercial. M. Octave Pavy, dit en terminant M. Cortambert, qui devait accompagner Gustave Lambert se propose de faire le voyage, et un autre navigateur, M. Gustave Ambert, doit s'y rendre par la route de la Nouvelle Zemble.

VIII.

Dimanche 20 aout. — Le Congrès ne s'est pas réuni en séance, cette journée fut consacrée à rendre hommage à la mémoire de deux Belges illustres : Abraham Ortelius et Gérard Mercator, le premier né à Anvers, le second à Rupelmonde. Grâce à l'obligeance de M. le Ministre des affaires étrangères, un des bateaux à vapeur de l'État fut mis à la disposition des membres pour leur permettre de faire une excursion à Rupelmonde et d'y visiter la statue érigée à la mémoire de Gérard Mercator.

Le voyage fut fixé au dimanche 20 août, jour de la grande kermesse d'Anvers, qui était aussi celui où devait sortir de la cathédrale la célèbre procession de Notre-Dame. La veille de ce jour, la flotte hollandaise était arrivée en rade pour prendre à bord les restes des officiers morts en 1832 pendant le siége de la citadelle.

Les membres étrangers du Congrès avaient été invités à se rendre au magnifique local de la société *la Concorde*, place de Meir pour y voir défiler la procession. Après la cérémonie et sur la demande de M. d'Avezac, le secrétaire général, M. Génard, conduisit les touristes à la cathédrale, où se trouve maintenant la pierre sépulcrale d'Abraham Ortelius, autrefois posée sur le tombeau de cet illustre savant, à l'ancienne abbaye de Saint-Michel.

Sur cette pierre, on lit l'épitaphe suivante :

PIÆ MEMORIÆ SAC.
ABRAHAMO ORTELIO,
ANTWERPIANO
GEOGRAPHO REGIO
FRATRI CARISSIMO
ANNA ORTELIA
CÆLEBS CÆLIBI M. F. C.
CIϽ IϽ. XCVIII
HÆC META LABORUM.

Après cette halte pieuse où l'hommage rendu par les visiteurs au tombeau d'Ortelius se fit dans un religieux silence commandé par la sainteté du lieu, la compagnie, présidée par M. Ch. d'Hane-Steenhuyse, se rendit à l'embarcadère où l'attendait le bateau à vapeur du pilotage richement pavoisé pour la circonstance. Une heure et demie sonnaient lorsqu'on quitta la rade.

Parmi les voyageurs, qui étaient environ deux cents, on remarquait l'amiral anglais Omanney; le conseiller d'État russe de Khanikoff; le commandeur Négri, envoyé du gouvernement italien; le comte d'Avezac, membre de l'Institut de France; M. d'Arnaud-Bey, en costume ottoman, et sa dame; le colonel hongrois de Töth, en costume national, et sa dame; M. le baron von Czörnig, conseiller intime de S. M. l'Empereur d'Autriche; M. Francis Garnier, l'explorateur du Cambodge; M. Pollen, le voyageur néerlandais; le R. P. Pery; M. de Quatrefages, membre de l'Institut de France; M. Richard Cortambert, conservateur du dépôt des cartes de la Bibliothèque nationale de Paris; MM. Hunfalvy, Delitsch, Stessels, Grandgaignage et Ruelens, — les trois derniers secrétaires généraux du congrès, Langlois, Van Havre et Delgeur, membres de la commission centrale, etc.

Le trajet, favorisé par un temps magnifique, fut charmant. Après avoir salué la flottille hollandaise et les nombreuses embarcations des régates nationales, après avoir admiré les superbes campagnes qui embellissent les rives du fleuve, on parvint bientôt à Rupelmonde, et le cortége se rendit directement au pied de la statue de Mercator, élevée sur la Grand'Place, près de l'église paroissiale.

A peine se fut-on rangé autour du monument que M. le commandeur Négri jeta, au pied de la statue, une carte de visite sur laquelle il avait inscrit des vers italiens improvisés par lui pour rendre hommage à la mémoire de l'illustre géographe :

Une dame de la société ayant ramassé le billet, le remit à M. d'Avezac, qui prit texte de ces vers pour prononcer le discours suivant :

« MESSIEURS,

« Au pied de ce monument de bronze, que le patriotisme belge a récemment élevé à la mémoire de Gérard Mercator, dans le lieu même que sa naissance a illustré, il vient d'être recueilli un billet silencieusement déposé sur les marches du piédestal par un éloquent étranger, notre collègue (le commandeur Négri). Nous ne saurions mieux faire que de répéter, en nous y associant, les paroles qu'il y a inscrites.

Presso questa statua sento la mia pochezza,
Ma bene comprendo cio che dice la Biblia,
Che cioe cadde sull' uomo una divina scintilla.

« Devant cette assemblée d'élite, en présence surtout des marins distingués qui se font remarquer au milieu d'elle, il n'est pas besoin d'exalter les mérites qui ont assuré à Mercator une durable renommée, une persistante gratitude venant, après plus de trois siècles, rendre ici un hommage solennel de profonde reconnaissance à l'auteur de cette projection savante qui sert aux navigateurs de toutes les nations à diriger leurs routes, à pointer leurs sillages et dont l'utile service est constaté chaque jour sur toutes les mers du monde, à l'éternel honneur de l'homme de génie qui l'a inventée.

« Cependant, en voyant en face de moi un brave officier général de la marine britannique (l'amiral Omanney), je ne puis oublier que l'invention de Mercator a été quelquefois en Angleterre revendiquée en faveur de l'Anglais Ed. Wright, mais ce fut une prétention désavouée par Wright lui-même, qui déclarait avoir puisé dans la propre carte de Mercator sa première pensée d'en rechercher la formule.

« Soyons donc unanimes à rendre ici un nouvel et complet hommage au grand géographe de Rupelmonde, à qui est due, sans conteste, la projection de nos cartes marines. la fameuse projection de Mercator ! »

Après ces paroles qui furent dites d'une voix émue, M. Négri s'approcha de nouveau du monument et, levant le bras vers la statue, prononça, en italien, un discours dont voici la traduction :

« Contemporain de toutes les époques, citoyen de tous les pays, le monde fut son école et la postérité se formera à ses leçons. Grand homme ! vous vivez dans vos œuvres, et par elles vous serez toujours avec nous, quoique depuis longtemps votre génie ait franchi cette ligne qui sépare la terre du ciel. Les siècles futurs salueront, avec respect, la statue que les Belges ont élevée dans le pays qui vous a donné le jour, et qui vit éclore votre génie. A vous, messieurs, qui acclamez avec moi le grand homme, et qui cultivez les sciences géographiques, je vous souhaite les longues années de Mercator, et quelques-unes des étoiles qui ornent son front. »

Après ces allocutions qui ont été vivement applaudies, les membres du congrès se retirèrent pour visiter l'église paroissiale et les ruines de l'ancien château de Rupelmonde. Au sortir de l'église, on se rendit au bateau à vapeur qui ramena les excursionnistes à Anvers. Une demi-heure après leur arrivée, tous les membres du congrès étaient réunis au banquet qui avait été organisé en leur honneur au Rocher de Cancale.

Au dessert, après le toast porté à la santé du roi et de sa famille par M. le vice-président d'Hane-Steenhuyse M. le major Cocheteux porta un toast de remercîment aux savants de tous les pays qui avaient répondu avec tant d'empressement à l'invitation qui leur avait été faite.

M. de Khanikoff, répondit au nom de la collectivité des étrangers, et M. d'Avezac dit au nom de la France :

« Messieurs,

« Au toast qui vient d'être porté par l'un de nous (M. Nicolas de Khanikoff) au nom des hôtes étrangers de l'hospitalière ville d'Anvers, il semble que la colonie française, plus nombreuse que les autres, ait le devoir d'ajouter quelques mots de gratitude plus spéciale à l'endroit de ces magistrats, de ce gouvernement qui nous ont fait et qui nous continuent un si gracieux accueil : A la perpétuité des sympathies qui se sont développées entre nous tous à l'occasion de ce congrès !

« Mais j'élèverai plus haut l'expression des vœux que je viens de formuler au nom des Français hôtes de la ville d'Anvers : c'est aux membres du gouvernement belge que je me permettrai d'adresser mon toast en réponse à leurs propres témoignages de bienveillance.

« Et je pousserai plus haut encore mon respectueux hommage : le président de ce banquet a porté la santé du roi des Belges, l'*ami des sciences, le voyageur et le géographe;* j'oserai à mon tour, avec une sorte d'orgueil, porter mon toast au roi des Belges, *membre de la Société de géographie de Paris !* »

D'autres toasts, furent prononcés en italien, en hollandais, en hongrois, et furent tous chaudement applaudis.

IX.

SÉANCE DU 21 AOUT. — M. E. Levasseur, Président. — MM. Blomendal et le général O. Leclercq, vice-Présidents.

Le Congrès s'occupe de la question si importante du balisage des rivières à passes navigables, question qui intéresse tous les navigateurs ; et l'assemblée, à l'unanimité, émet le vœu qu'un système uniforme soit adopté par les administrations maritimes de toutes les nations. Ce système est déjà, du reste, complétement adopté en France, il l'est partiellement en Belgique et en Hollande ; mais l'Angleterre a jusqu'à présent négligé son application. Elle est la première à en souffrir, l'honorable amiral Omanney le reconnaît lui-même et promet de faire tous ses efforts pour que cette lacune soit au plus tôt comblée.

L'assemblée adopte ensuite le vœu émis par la section de géographie au sujet des recommandations relatives au tracé des lignes isothermes et à la réunion de certaines données statistiques sur les forêts ; elle adopte également des vœux ayant pour but la généralisation des signaux adressés par les observatoires météorologiques aux navires qui approchent des côtes, pour leur indiquer la venue prochaine d'un coup de vent ou d'une tempête.

Sur la 30e et la 31e question le Congrès vote les deux résolutions suivantes :

« Afin de juger du perfectionnement des machines dans les différents pays, il serait utile de mettre en regard de la quantité du charbon brûlé, l'effet mécanique utile qui en résulte.

« Établir les variations de prix des marchandises, surtout dans les lieux de production, en tenant compte de la valeur des monnaies.»

Cette séance est close, par quelques communications d'un haut intérêt ethnographique dont voici la succincte analyse :

M. Verseez entretient l'assemblée des peuplades de l'archipel Indien : Les Malais, dit-il, sont répandus sur tout l'archipel, mais parmi eux se trouvent des peuples d'origine différente.

On a cru d'abord qu'il n'y avait là qu'une seule race, la race malaise polynésienne; il y en a cependant une autre dont les restes se trouvent dans les montagnes du centre. Lors des migrations des peuples de l'Asie centrale, les Malais vinrent détruire Sumatra et se répandirent dans tout l'archipel polynésien. Comme preuve de l'existence antérieure d'une race polynésienne, on cite la trouvaille faite à Java de haches de pierre, et l'on sait, en outre, que quelques îles de l'ouest de Sumatra sont encore peuplées de vrais polynésiens. On en retrouve des traces dans l'île de Timor. A Nias on rencontre également une race spéciale de plus grande stature que les Malais et au teint blanc mat. Ainsi, voilà trois races distinctes. Enfin à Sumatra se trouvent des tribus sauvages très-redoutées des indigènes, dont les individus sont ramassés, forts et velus: on les nomme *Orangs-Outangs*. Cette race ne se mêle pas aux autres, sauf dans l'intérieur de Bornéo.

M. de Quatrefages considère la communication précédente comme très-importante. Il y a, dit-il, dans l'archipel un *fouillis de races*, il y a des blancs purs, des noirs et des Malais. Quant aux hommes velus, Rienzi les avait signalés; on en trouve sous le nom d'Aïnos, au nord de l'archipel du Japon. Il est évident qu'au milieu des populations glabres, ils doivent être distingués. Les Chinois les appellent : des barbares velus; ils ont occupé autrefois le Japon.

M. Ruelens se préoccupe de l'ethnographie de la Belgique, et ce qui lui en donne l'idée, ce sont les communications précédentes.

Plusieurs membres du Congrès prennent à cette occasion la parole dans le même sens; M. de Quatrefages insiste particulièrement pour qu'on fasse la carte des patois. Si comme tout tend à le faire penser les races quaternaires ont survécu à l'époque glaciaire et formé le fond des populations de ces contrées, si elle sont bien la souche des Finnois, on trouvera peut-être dans les langages locaux, dans les vieux noms de lieu,... des traces de langage finnois. M. Ruelens a cité a ce sujet un fait très-important en rappelant qu'un ancien professeur de Liége affirmait trouver une foule de mots finnois dans les palais du pays. Les manuscrits de ce philosophe sont égarés. Il faut les rechercher avec soin.

L'assemblée vote les conclusions de la commission, ainsi que l'amendement de M. de Quatrefages.

X

Séance du 22 aout. — M. Hunfalvi, Président. — MM. Cortambert et Fisco, vice-Présidents.

M. le commandeur Négri prend la parole sur la question 33 ainsi conçue : « Quelles sont nos connaissances sur la partie du Sahara, qui s'étend entre la Tunisie et le Touat jusqu'au Soudan central ! »

Peut-on, dit-il, démontrer la justesse, la possibilité et les avantages d'un projet de culture et de colonisation de cette région? Selon certains auteurs, le Sahara est plus bas que le niveau de la mer. On a même prétendu qu'autrefois c'était une mer intérieure. Actuellement on y veut faire pénétrer la Méditerranée. L'orateur combat cette opinion. Cette zone, ajoute-t-il, est d'ailleurs habitée par une population de 3 à 4 millions d'individus avec l'opinion desquels il semble prudent de compter, avant de les condamner à une immersion complète.

Le Congrès étant arrivé au terme de ses travaux, la séance est levée et reprise solennellement à 2 heures.

XI.

SÉANCE SOLENNELLE.

M. Kervyn de Lettenhove, ministre de l'Intérieur, Président d'honneur, M. d'Hane-Steenhuyse, Président; — MM. Carbonelle et d'Arnaud Bey, vice-Présidents.

M. le Ministre de l'intérieur prend immédiatement la parole et prononce le discours suivant :

« Messieurs, mes premières paroles doivent « être des remercîments pour l'accueil que « je reçois parmi vous, mais à l'expression de « ma gratitude vient se joindre celle de mes « regrets, de n'avoir pu réclamer le plus pré- « cieux privilége de la présidence honoraire « que vous m'avez déférée, en étant l'un des « premiers à saluer ces hôtes illustres accou- « rus de toutes les parties de l'Europe pour

« unir en un brillant faisceau leurs études et « leurs lumières.

« Le même sentiment anime le pays et « le gouvernement.

« La Belgique, placée au confluent des races « et des langues, au milieu de nations dont les « traditions et les tendances sont différentes, « revendique l'honneur de rester étrangère à « tout ce qui les sépare, de s'associer à tout ce « qui les rapproche et les réunit.

« Le gouvernement ne comprend pas moins « combien il appartient à une politique pa- « triotique et vraiment nationale de chercher « à multiplier autour de nous les relations « pacifiques et fécondes. Nous ne saurions « oublier l'exemple venu de haut, quand un « prince qui siége aujourd'hui sur le trône « n'hésita point à aller jusqu'aux rives les « plus lointaines de l'Océan indien, explorer « tous les rivages qui pouvaient s'ouvrir aux « produits de notre commerce et de notre « industrie.

« Pour ces mémorables assises des travaux « scientifiques, vous ne pouviez, Messieurs, « choisir une terre plus hospitalière que la « Belgique, et parmi nos cités, il n'en était « point qui méritât davantage de vous offrir « un tranquille et sympathique asile que

« cette ville d'Anvers, deux fois reine et par « le commerce qui rapproche les hommes, « dans l'intérêt de leurs besoins réciproques, « et par l'art, qui, dans l'ordre moral, élève « leurs pensées. Les mille navires dont les « couleurs variées flottent dans son port, rap- « pellent des relations qui enrichissent les « peuples; je vois dans cette assemblée les « représentants des mêmes nations, réunis « cette fois pour rendre hommage à quelque « chose de plus puissant et de plus noble en- « core : la Science.

« S'il m'est permis, messieurs, d'ajouter « quelques mots de plus, j'aimerais à vous « dire, en tenant compte de mes souvenirs « personnels, et peut-être aussi de liens an- « ciens vis-à-vis de plusieurs d'entre vous, « avec quel empressement j'irais occuper, non « plus ce fauteuil réservé au représentant du « gouvernement, mais une de ces places qui « imposent une mission plus active : le devoir « des discussions. Mais je m'aperçois que je « suspends des débats qui vont s'ouvrir, et « dont il me sera au moins permis aujourd'hui « de recueillir le fruit.

« Je termine : un éminent géographe mo- « derne (son nom se retrouve parmi vous) a « dit que c'était à Mercator que remontait la

« géographie moderne; j'espère, messieurs, « qu'un jour on inscrira dans les Annales « scientifiques du XIXe siècle, que ce fut « sur cette rive illustrée par le berceau de « Mercator que la science géographique dut à « vos importants travaux un nouvel essor et « de nouveaux progrès. »

A la suite de cette allocution, il a été procédé à la distribution des récompenses. M. le Président a d'abord informé l'assemblée que le Congrès offrait comme gage d'admiration des récompenses exceptionnelles à deux célèbres explorateurs, dont l'un, M. Livingstone parcourt en ce moment l'Afrique centrale et l'autre, M. Francis Garnier, arrive de Cambodge, où il s'est livré à des recherches de la plus haute importance.

Quatre médailles hors concours ont été ensuite décernées : à M. E. Levasseur de l'Institut de France pour son *Traité géographique élémentaire de l'Europe et de la France*; à l'atlas des Indes néerlandaises entrepris par le regretté Melvill de Cambée et continué par M. Versteeg; à M. Stessels pour ses consciencieuses recherches sur l'Escaut, et à l'atlas en relief du colonel von Töth de l'état-major autrichien.

Les récompenses du concours ont été décernées : à M. le docteur Henri Kiepert pour ses globes de 32 centimètres avec horizon et méridien; à l'édition 1871 du *Grosser Hand-Atlas des Himmels und der Erde*, publié par l'Institut géographique de Weimar, dressé par MM. Kiepert, Weilnond, Graf et Delitsch; à *Chamber's Six penny Atlas*; à M. E. Cortambert pour ses *géographies* et *petits atlas* à l'usage des écoles primaires; à un petit atlas de seize cartes : le *Kiepert's kleiner Atlas*, publié à Berlin; à l'*Atlas von Nederlanden overzeesche Besittingen*, publié par M. Kuyper; à l'*atlas moral* du colonel Sydon.

Viennent ensuite ciuq mentions honorables accordées à M. J. Kuyper, à M. Sertorino, de Weter; à M. Hœgens; à M. Erhard et à M. le général Besier.

Les Membres étrangers, avant de clore la session, remercient le Congrès au nom de leur pays respectif et expriment leur satisfaction pour l'accueil fraternel qu'ils ont reçu en Belgique; M. d'Avezac, parlant au nom des savants venus de France, s'exprime en ces termes :

MESSIEURS,

« Au moment où nous arrivions dans la ville d'Anvers, elle nous accueillait de ses saluts de bienvenue et offrait le *vin d'honneur* à ses hôtes, entre lesquels ceux qui venaient de France étaient peut-être les plus nombreux. Me sera-t-il permis de croire qu'une sympathie plus intime répondait à nos propres sympathies, que l'hospitalité anversoise se faisait pour nous encore plus courtoisement hospitalière ? Si c'est une illusion, il m'est doux de m'y laisser aller, heureux d'y trouver un motif de plus de proclamer combien les Français, accourus à votre appel, sont fiers et touchés de ces bienveillants témoignages, qui nous semblent, à nous, empreints d'une cordialité toute particulière.

« Dans tout le cours de cette session géographique, au milieu de vous, nous avons vu redoubler, en quelque sorte, les aimables égards, les gracieuses marques d'une estime affectueuse qui rend de plus en plus étroits les nœuds formés sous ces auspices.

« Au moment où le Congrès est près de clore sa dernière séance, je sens le besoin de reporter encore une fois aux Magistrats de la Ville d'Anvers, l'expression bien sentie de la profonde gratitude que ses hôtes français éprouvent pour de si nombreuses et si constantes marques de courtoisie qui lui ont été prodiguées. »

XII.

Telle a été la première session du Congrès de géographie d'Anvers où *quatre-vingt-sept* questions ont été résolues. Il est fâcheux, qu'il n'y ait pas eu plus de méthode dans les intéressantes et très-utiles études qui ont occupé chaque séance. De là, il est résulté un trouble qui a réagi sur la clarté du travail et dont, nécessairement, notre analyse se ressent. Quoi qu'il en soit, il nous reste mathématiquement demontré aujourd'hui que l'étude bien entendue de la géographie physique, en devenant la véritable base de l'histoire, doit renverser infailliblement tous les brillants paradoxes à l'aide desquels divers auteurs ont usurpé de si grandes réputations.

Nous n'avons pas cherché a donner à ce rapport une forme littéraire, il nous a semblé que nous devions avant tout reproduire la physionomie exacte de chaque séance et rendre hommage à tous les hommes de mérite qui ont contribué au succès de ce Congrès. Dans un avenir prochain on fera mieux encore, surtout si les compagnies de chemins de fer se montrent plus traitables envers les savants qui acceptent ces rendez-vous de la Science et du Progrès.

Nous ne terminerons pas ce rapport sans dire combien il nous a été pénible de voir le Congrès se dissoudre sans décider de l'époque et du lieu où se réunirait la deuxième session devant continuer les intéressantes études commencées à Anvers, quoique cette deuxième réunion ait été énergiquement demandée par plusieurs membres; mais la minorité a dû s'incliner devant les volontés de la majorité, qui était belge et qui reste ici, en quelque sorte, la maîtresse de nos destinées. Ce fait est d'autant plus fâcheux qu'il prête à croire que la Belgique place avant les intérêts de la science les petites questions d'orgueil national si funestes au progrès universel.

Nous ajoutons que tous les soirs il y avait des conférences dans le foyer du Théâtre-Royal, elles complétaient utilement les travaux du Congrès, les plus appréciées ont été celles de MM. de Quatrefages, Francis et Jules Garnier, Carbonnelle, Brown, Silberman, Pollen, le général Heine, etc.

XIII.

Nous avons déjà rendu compte de ce Congrès à la *Société libre d'instruction et d'éducation populaires* qui, suivant nos conclusions, a tenu à honneur d'en perpétuer le souvenir en distribuant ses trois premières médailles aux illustres promoteurs et organisateurs de cette belle fête de l'intelligence : 1° M. le baron Kervyn de Lettenhove, ministre et président d'honneur du Congrès; 2° à M. d'Hane Steenhuyse, représentant et échevin de la ville d'Anvers, président effectif du Congrès; 3° à M. Génard, secrétaire général du comité d'organisation.

Cette société a également décerné une médaille à chacun des trois Français qui sont sortis vainqueurs de ces luttes pacifiques, qui sont M. Francis Garnier, lieutenant de vaisseau, M. E. Levasseur, membre de l'Institut et M. E. Cortambert, géographe.

Nous terminons, en vous demandant de

vouloir bien aussi consacrer le souvenir du Congrès scientifique d'Anvers, où nous avons eu l'honneur de vous représenter.

Et nous recommandons spécialement à vos suffrages notre compatriote M. Erhard, qui s'est particulièrement distingué par sa reproduction sur cuivre du travail sur pierre; il a été lauréat du concours. Nous appelons aussi l'attention du Comité des récompenses sur les premiers promoteurs du Congrès qui sont :

M. Ch. Ruelens, conservateur à la Bibliothèque royale de Belgique, et M. A. Casterman, lieutenant-colonel de génie; tous deux Secrétaires généraux du Comité d'organisation[1].

Nous représentions à ce Congrès :

1° *L'Académie nationale agricole, manufacturière et commerciale* (M. le marquis d'Andelare, Président; M. Aymar-Bression, directeur, 41 *bis*, rue de Chateaudun);

2° *La Société libre d'instruction et d'éducation populaires* (S. M. Dom Pedro II Empereur du Brésil, Président d'honneur; M. Honoré Arnoul; Président, 2, rue Brochant);

3° *L'Union nationale* du commerce et de

---

1. L'*Académie nationale* a accordé, d'après les propositions qui précèdent, des médailles de 1re classe à MM. Ch. Ruelens, Casterman et Erhard.

l'industrie (M. Ch. Petit, Président ; M. Pascal Bonnin Directeur, 82, boulevard Sébastopol; à Paris).

Et nous avons été heureux de rendre compte de ces travaux scientifiques, en dehors des rapports faits aux Sociétés précitées, dans *quatorze* journaux :

1° *La Propriété*, de Bruxelles ; 2° *le Pays ; 3° le Petit Moniteur universel ; 4° le Courrier du Pas-de-Calais ; 5° le Courrier de l'Eure ; 6° l'Union Nationale ; 7° le Journal d'Amiens ; 8° le Journal des Travaux publics ;* 9° le Journal *Le Bâtiment ; 10° le Journal de Die ; 11° le Progrès de Saône-et-Loire ; 12° le Courrier de Saône-et-Loire ; 13°* LE MONDE ILLUSTRÉ ; *14° le Bulletin de l'Académie nationale ;*

EN TOUT : TRENTE ET UN ARTICLES ET UNE ILLUSTRATION REPRÉSENTANT LA SALLE DU CONGRÈS ET LE PORTRAIT DES ORGANISATEURS.

Dès le mois de juin précédent, nous avions annoncé le Congrès dans un plus grand nombre de journaux et nous nous félicitons ainsi d'avoir concouru à son succès ; aujourd'hui c'est avec une une véritable satisfaction que en vulgarisons les travaux en rendant un hommage mérité aux hommes illustres qui ont résolu les questions soumises à leurs savantes discussions.

FLEURY-FLOBERT

23, Chaussée-d'Antin, à Paris.

(Extrait du *Bulletin de l'Académie nationale*, avec augmentations.)

PARIS. — J. CLAYE. IMPRIMEUR, 7, RUE SAINT-BENOIT. — [173

IMPRIMERIE J. CLAYE
RUE SAINT BENOIT 7
LABOR
JC
PARIS

www.ingramcontent.com/pod-product-compliance
Ingram Content Group UK Ltd.
Pitfield, Milton Keynes, MK11 3LW, UK
UKHW022139190726
13855UKWH00003B/1229